ゲーテの霊言

映画「僕の彼女は魔法使い」に描かれる世界

RYUHO OKAWA
大川隆法

まえがき

魔法をテーマにした映画は割合多かろう。アニメでは創《つく》りやすいし、実写でも、CG技術を駆使《くし》して、魔法が描きやすくなった。

しかし、たいていは、人間の頭脳が生み出した想像の産物にしかすぎないものが多かろう。

この二月二十二日からロードショーで展開される『僕の彼女は魔法使い』という映画は、原案を天上界から頂いている、単なる空想ではない、実写の魔法使いの物語である。そして主演は、現代に現れた、本物の白の魔法使い、千眼美子《せんげんよしこ》さんである。

本書は作品原案の一つを世界的文豪《ぶんごう》ゲーテから降ろされて、その案が映画にどのように投影されたかを知るための鍵の一つである。真理を学びつつ、あなたのまわりにも存在するスーパーナチュラルな力を感じとって下されば幸いである。

二〇一九年　一月十日

幸福《こうふく》の科学《かがく》グループ創始者兼総裁《そうししゃけんそうさい》　大川隆法《おおかわりゅうほう》

ゲーテの霊言　目次

「霊言現象《れいげんげんしょう》」とは、あの世の霊存在の言葉を語り下ろす現象のことをいう。これは高度な悟《さと》りを開いた者に特有のものであり、「霊媒現象《れいばいげんしょう》」（トランス状態になって意識を失い、霊が一方的にしゃべる現象）とは異なる。外国人霊の霊言の場合には、霊言現象を行う者の言語中枢《ちゅうすう》から、必要な言葉を選び出し、日本語で語ることも可能である。

なお、「霊言」は、あくまでも霊人《れいじん》の意見であり、幸福の科学グループとしての見解と矛盾《むじゅん》する内容を含《ふく》む場合がある点、付記しておきたい。

ゲーテの霊言

映画
「僕の彼女は魔法使い」
に描かれる世界

2017年2月18日　霊示《れいじ》
幸福の科学 特別説法堂《せっぽうどう》にて

映画「僕《ぼく》の彼女は魔法使《まほうつか》い」

製作総指揮・原案 大川隆法／ 2019年2月22日ロードショー

STORY　高校3年生のある日、竹中優一《たけなかゆういち》のクラスに転校生の白波《しらなみ》風花《ふうか》がやって来た。そのときから、優一の周りで不思議な現象が起き始める。そう、風花は魔法使い。しかも、世界で最後の“白魔《しろま》術《じゅつ》の継承者”だったのだ。優一は戸惑いながらも次第に風花に心惹《ひ》かれていく。しかし、ある事件をきっかけに、突然、風花は姿を消してしまう。それから5年後、二人は偶然に再会を果たすが──。それは、時空を超えた“白魔術と黒魔術の戦い”の始まりだった。

ヨハン・ヴォルフガング・フォン・ゲーテ

1749-1832

ドイツの文豪《ぶんごう》、政治家。フランクフルトの裕福《ゆうふく》な家に生まれる。ライプツィヒ大学等で法律を学んだ後《のち》、小説『若きウェルテルの悩《なや》み』などで一挙に名声を高める。ドイツ古典主義文学を確立した。代表作に『ファウスト』『ウィルヘルム・マイスター』『西東詩集』などがある。

質問者

大川愛理沙《おおかわありさ》

幸福の科学宗務《しゅうむ》本部総裁室助手（学園・HSU担当）兼《けん》
ニュースター・プロダクション（株）アドバイザー

［役職は収録時点のもの］

1
最高レベルの劇作家ゲーテに映画ストーリーを訊《き》く

（♪ＢＧＭが流れている）

大川隆法　今日は、映画「僕《ぼく》の彼女は魔法使《まほうつか》い」（製作総指揮・原案 大川隆法／二〇一九年二月公開予定）の参考霊言《れいげん》として、ゲーテの霊言をしてみたいと思います。

愛理沙さんの質問に答えるようなかたちで展開するほうがいい

ですか。
それとも、霊言で話してみて、そこに愛理沙さんから合いの手を入れるかたちにしましょうか。

大川愛理沙　はい。そのようなかたちでお願いいたします。

大川隆法　まあ、霊言ですけどね。霊言で映画のストーリーをつくってしまうので。ゲーテを呼びますが、劇作家としては、いちおう最高レベルだと思います。
映画「ほとんど、パンダ!?」（二〇二〇年公開予定）のストーリーは夏目漱石《なつめそうせき》に訊《き》こうかと思っています。

大川愛理沙　なるほど。

大川隆法　それでは呼んでみます。ミュージックは流したままのほうがいいですか。

大川愛理沙　どちらでも大丈夫《だいじょうぶ》です。

（♪ＢＧＭの音量を調節する）

大川隆法　どうかな。気にならないかな。では、「私の意識」ではもう話さないので、固有名詞やその他のことは、そちらでお願いしますね。はい、少し待ってください（手を二回叩《たた》く）。

（約十秒間の沈黙《ちんもく》）

2 「魔法使《まほうつか》い」って、どんな人？

誰《だれ》もが持っている「五感以外の能力」とは

ゲーテ　ＯＫ。

大川愛理沙　よろしくお願いいたします。

それでは、最も大きな疑問として、主人公の白波風花《しらなみふうか》さんについてお伺《うかが》いします。

原案では、彼女は「白魔女《しろまじょ》」という設定ですが、そもそも、「白魔術」とはどういうものであり、なぜ「黒魔術」と対立するのでしょうか。

具体的には、なぜ、風花さんが黒魔術から狙《ねら》われなければならないのか。どうして黒魔術は白魔術に対して戦おうとするのか。そのあたりをお教えいただきたいと思います。

ゲーテ　まあ、この世で生きている普通《ふつう》の人間は、「眼《げん》・耳《に》・鼻《び》・舌《ぜつ》・身《しん》」による五感で生活していると思っているけれども、

白波風花《しらなみふうか》（千眼美子《せんげんよしこ》）

横浜にある浜風《はまかぜ》学園に現れた転校生。明るく天真爛漫《てんしんらんまん》な少女だが、実は、世界でたった一人生き残った「最後の白魔法使《しろまほうつか》い」。世界を悪い魔法で覆《おお》われる危機から救うため、運命の人と一緒に戦おうとしている。

自分では気がついていない、それ以外の能力を持っているんですね。普通にみなが思っているような、目で見たり、耳で聞いたり、鼻で嗅《か》いだり、口でしゃべったり、あるいは、手で触《さわ》ったりする世界、「そういう世界がすべてだ」と思っているのが、唯物論《ゆいぶつろん》で見ている世界観です。ところが、そういう人であっても、やはり、「直感力」のようなものは持っています。

例えば、自分の後ろに人が立っているのを感じて気になったりとか、あるいは、会社のなかで出会って、目が合ったり、すれ違《ちが》ったりしたときに、「この人は自分のことが好きなんじゃないかな」とか、「この人は自分を嫌《きら》いなんじゃないかな」というのは分かったりしますよね。

こういう直感というのは必ず入っていて、自覚しているかしていないかは別として、必ずあります。

そういうものを研《と》ぎ澄《す》ませていったら、普通の人よりも上のものになってきて、自然であること、ナチュラルであることを超《こ》えた、いわゆる〝スーパーナチュラルなもの〟へと変わっていくわけですね。

この〝スーパーナチュラルなるもの〟を明確に、自覚的に使えるようになってくると、いわゆる「超能力《ちょうのうりょく》」というものになってくるわけです。

人間が持つさまざまな種類の超能力《ちょうのうりょく》

ゲーテ　超能力《ちょうのうりょく》のなかには、あなたがたがよく使っている「霊言《れいげん》能力」のようなものもあるし、霊の姿を視《み》たりする「霊視《れいし》能力」のようなものもあるし、あるいは、人の心を読む「テレパシー能力」というか、「読心《とくしん》能力」というものもあります。

それから、もっと能力が高くなってくると、仏陀《ぶっだ》もそうであったように、「●三世《さんぜ》を見通す能力」のようなものを持っている人もいるわけね。

●**三世**　仏教で言う、「過去世《かこぜ》・現在世《げんざいせ》・未来世《みらいせ》（前世《ぜんせ》・現世《げんせ》・来世《らいせ》）」のこと。

だから、ある人と会ったときに、過去を遡《さかのぼ》って、「前世《ぜんせ》ではその人とどういう関係にあったか」「天上界《てんじょうかい》ではどうしていたか」「その前にはどういう関係であったか」、例えば、「友達であった」「夫婦《ふうふ》であった」「きょうだいであった」「親子であった」とか、そういう縁生《えんしょう》を思い出すこともあるわけです。

あるいは、未来のことが視える人も、なかにはいますね。「未来がどうなるか」ということが読めるような方もいます。

また、現在ただいまのことで、いろんなことを見通して分かるような人もいますね。

例えば、水晶占《すいしょううらな》いだとかね、カード占いだとか、手相だとか、姓名判断《せいめい》だとか、いろんなものをやっている方もいらっしゃいます。そして、人に会ったときに、「あなたは今、こんなことで悩《なや》んでいますね。どうも、あなたに近づいてきているこの人は、実はこういう人だから、あなたの運命を悪くします。だから、気をつけなさい」とか、「この人はあなたを幸福にする方だから、いいですよ」とか、そういうことを見抜《みぬ》く能力があります。

そうした能力が、いろいろあると言われていますね。

これは、日本や東洋ではそういうふうに見られることが多いんですが、西洋のほうに行って、「魔法使い」ということになりますと、もう少し、日本的に見ると「妖術《ようじゅつ》・幻術《げんじゅつ》」に近いものを使える者がいると言われています。

これは、物理的に力を発揮する場合、要するに、「念動力《ねんどうりょく》」として力を発揮する場合もあれば、「相手にそういうふうに見せてしまう能力」もあるわけです。

ヨーロッパのほうだけではなくて、例えば、〝アフリカ原産〟でキューバなどにもあるブードゥー教みたいなものですと、呪術《じゅじゅつ》師《し》が「ある人に仕返しをしてほしい」とか「報復してほしい」とか頼《たの》まれて、禅定《ぜんじょう》状態に入って念《おも》うと、呪《のろ》われる相手の家のなかに、いろんな蛇《へび》が現れて這《は》い回ったり、恐《おそ》ろしい魔物が現れたりする。そして、いろいろなものが実際に出てくるように見えて、

●ブードゥー教　植民地時代に西アフリカからカリブ海のハイチへ奴隷《どれい》として連れていかれた人々の信仰と、キリスト教が習合して生まれた民間信仰。西アフリカのベナンの国教。ロアと呼ばれる精霊《せいれい》を信仰し、神官《しんかん》が神がかりになる儀式《ぎしき》等が行われる。

相手が狂気《きょうき》、悩乱《のうらん》したり、最後は死に至らしめることができるものもあります。

それは、一般《いっぱん》的な人たちの「ナチュラルな感覚」では見えないことが多いんだけれども、「〝スーパーナチュラル〟な感覚」を持っている人がそれを現出していくと、そういうものが現にあるように見えるようになる。

また、実際に物質化する場合も、あることはありますね。いきなり石が出てきたり、いろいろな物が現れてきたりするような能力も、あることはあります。

人間には（昔は）わりあい、こういう能力を持った人もいたんだけれども、現代になってくるにつれて、少しずつ少なくなってきていますね。

なぜ、魔法使《まほうつか》いは「箒《ほうき》」に乗っているのか

ゲーテ　魔法使《まほうつか》いというのは、「帽子《ぼうし》をかぶって、黒装束《くろしょうぞく》みたいなものを着て、箒《ほうき》にまたがって空を飛ぶ」という姿が有名ですけれども、これは黒い服で固めてくるものと、もう一つ、分かるように言えば、ユニフォーム的には白ですよね。白い服装で身を包んで空を飛んでくるものもいます。

これも、今の現実の世界のなかでは分かりにくいことではあるけれども、霊的にはできることが分かっていますね。霊的には、「幽体離脱《ゆうたいりだつ》」「体外離脱」というかたちで魂《たましい》が抜け出して、いろんなところに行ってくる。例えば、「日本にいながら、魂が抜け出してアメリカに行って見てきた」とかですね。そういうこともできるし、「地上では実際に会えていない人のところに行って、そこの様子を見てくる」ということもできます。

これは、すでに軍事的には使われています。以前だったら、タリバンのオサマ・ビン・ラディンが潜《ひそ》んでいる屋敷《やしき》が分かれば、超能力者を使ってなかを透視《とうし》するというかたちで、「部屋の間取

●オサマ・ビン・ラディン（1957〜2011）　イスラム原理主義の過激派の活動家。軍事組織「アルカイダ」の元司令官。「9・11」の同時多発テロの首謀者《しゅぼうしゃ》とされる。パキスタンの首都イスラマバード郊外に潜伏《せんぷく》していたが、アメリカの特殊部隊によって殺害された。

り」から、「どこの部屋にいるか」、「敵が何人いるか」まで当てて、絵を描《か》いて、そこを急襲《きゅうしゅう》するということも現実にはあるわけです。

こういう場合は、「透視というかたちで視ている場合」と、「魂が抜けて行ってなかを視てきている場合」と両方ありますが、こうした「魂の瞬間《しゅんかん》移動、空間移動」を箒というものに仮託《かたく》して、「空を飛んで行っている」と考えているわけです。

これは、本当は箒があってもなくてもいいんですが、「魔女の基本スタイルというものがある」と考える者にとっては、そういうふうに見せることもできれば、そう見られることもあるということですね。だから、ほかの人が見るとそのように見える。

今だったら、ロケットだとか飛行機だとか、ほかのものがいっぱいあるので、他の手段でもいいんですけれども、昔の時代にはそういうものがありませんので、そういうものにまたがって乗って飛んで行くと考えられたのです。

これは、本当は、未来を先取りした姿ではあるんです。霊体《れいたい》だけが飛んで行っても構わないんだけれども、それに代わるものとして、ヨーロッパのほうでは箒が使われていた。

今であれば、アイアンマンだとか、スーパーマンだとか、その他、空を飛ぶ者はたくさんいますね。これは、基本的には霊体で飛んでいるんだけれども、時折、今も本当に空を飛ぶ者は存在すると言われることもあります。現実に、空中に舞《ま》い上がるような人もいなかったわけではありません。

ただ、たいていの場合は、霊的に飛翔《ひしょう》していろんなところに行って回ってくるというのが（空を飛ぶとされる）原因です。大勢の人たちが寝《ね》ている間に体外離脱して、魂としていろんな人に会いに行ったり、天上界に行ったり、地獄界《じごくかい》に行ったりする経験を潜在的《せんざい》に持っているので、理解しやすいということはありますね。

だから、「人間が生活しているなかで霊的なものと遭遇《そうぐう》する」、そういうものを、もうちょっとプロフェッショナルにしていったものが、魔法使いという存在です。

3 「白魔術《しろまじゅつ》」と「黒魔術《くろ》」、どう違《ちが》う？

「白魔術」と「黒魔術」の分かれ目とは

ゲーテ　ところが、（魔法使《まほうつか》いの）能力そのものは持っていても、「偉大《いだい》な能力には偉大な責任が伴《ともな》う」という言葉があるように、やはり、考え方に違《ちが》いが出てくることがあるわけです。

人が持っていない能力を持っていたら、それを悪いことに使おうとする者も出るし、よいことに使おうと思うこともできるし、どっちもできる。

人間の考え方は、基本的には二通りでして。人は自分のためになる「欲」というものをみんな持っていますが、この欲を抑《おさ》えて、「他の人のために生きよう」と考える人たちは、聖人とか、救世主とか、地上に現れた仏とか、神とかいわれる存在になってくるわけです。

しかし、その欲を自分のためだけに使って、どちらかというと、「ほかの人の取り分を取っていく」「ほかの人が幸福になれるチャンスを取っていく」という人もいて、そういうことが人間の常《つね》としてはありますよね。

例えば、「透視《とうし》能力」とか「人の心を読み取る能力」があったら、銀行の金庫のなかだって透視することもできれば、ダイヤルを何番に合わせれば扉《とびら》が開《ひら》くというようなことだって分かる。そうした悪いことに使うか、あるいは「そういうことをしてはいけない」と思うかは、その能力を持っている人の違いになりますね。

こういうことで「白《しろ》魔術」と「黒《くろ》魔術」が分かれてくるんです。

「白と黒」は「善と悪」の象徴《しょうちょう》

ゲーテ　ただ、これはあくまでも西洋的に描《か》いた言い方でして、道教《どうきょう》のほうでも同じように、地獄界《じごくかい》に堕《お》ちている者と、それと戦う道士のような者もいることはいるし、日本であれば、「黄泉《よみ》の国に行った者が地上に来て災《わざわ》いを起こさないように、それを封印《ふういん》する」ということは、日本神道《しんとう》でも長らくやってきています。

例えば、「いざなぎ流」とか、そういうようなかたちで結界《けっかい》を張って悪いものが入《はい》れないようにして、封印したり戦ったりする能力があります。あるいは、陰陽師《おんみょうじ》にもそういうところがありますね。

ですから、術者としての一定の能力は、天性のものとしてあることもあるんですけれども、心が悪いほうに傾《かたむ》いて、ヒットラー

●いざなぎ流　土佐国物部村《とさのくにものべそん》（現・高知県香美《かみ》市）に伝わる民間信仰。神道や仏教、陰陽道《おんみょうどう》等の影響が見られる。祭事には、神霊をかたどって和紙から切り出した独特の「御幣《ごへい》」を用いる。

的に「世界を支配したい」とかいう気持ちになってくると、それ相応のものがいろいろ出てきて相手をしてくる。特に、魔界《まかい》のもの、地獄界のもののなかで、能力を持っているものが力を貸してくるようになってきます。

それに対抗《たいこう》するものとして、白魔術という天使系の者ではありますが、特に、法力《ほうりき》というか、霊術《れいじゅつ》を中心として使える人たちがいるということですね。

例えば、地上で刀で斬《き》ったり、槍《やり》で突《つ》いたりするだけの戦いをしている人たちにとっては、弓というものができて、（矢が）空中を何百メートルも飛んできて刺《さ》さるというのは、一種の魔法のようにも見えるでしょう。あるいは、銃《じゅう》とか大砲《たいほう》のようなものが攻撃《こうげき》に使われると、最初はこれが何のことか意味が分からないでしょうね。

それと同じように、「相手が予想していないような精神能力を使って戦うことができる」ということですね。特に日本では、仙《せん》人《にん》とか天狗《てんぐ》の世界にもそういう力はございます。

ただ、「白と黒」といわれているものは、基本的には「善と悪」を象徴《しょうちょう》しているものです。

ですから、地獄界といわれる世界のなかには、単に、この地上で生きていて、失敗して地獄に行っている者だけがいるわけではありません。魔王とか悪魔といわれる者にはそれなりの超能力《ちょうのうりょく》はあるし、魔法使いの系統になりますと、もう少し、いろいろな人を幻惑《げんわく》したり迷わせたり、惑《まど》わせたりする力がついてくることもあります。

高校生の恋愛《れんあい》で「白魔術《しろまじゅつ》」と「黒《くろ》魔術」が発揮されると……

ゲーテ　もっと小さなレベルで言えば、例えば、高校生あたりで、クラスで男女の恋愛《れんあい》等があるとします。

白魔術《しろまじゅつ》系の人であれば、「彼と彼女が結びつくのが将来的にもハッピーであるから」ということなら、出会いのチャンスをつくったりするようなところで魔法を発揮するわけですね。「偶然《ぐうぜん》、出会う」みたいなチャンスをつくったりします。

一方、黒《くろ》魔術系の人であれば、二人の仲を引き裂《さ》いたり、喧嘩《けんか》をさせたり、失望させたりするようなことを、きっかけとしてつくるようなことをする。（魔法が）目に見えない人には分からないけれども、そういう偶然に見えるようなことが、いっぱい起きます。二人を引き離《はな》して別の者と会わせたり、本当は仲良くできる者たちの間を二つのグループに分けて喧嘩をさせたり、あるいは、不良や暴力団、非行の人たちなんかとつるませたりするものもいます。

そういう、善悪の二元《にげん》の戦いのなかで（白魔術と黒魔術が）生まれてくる。

まあ、小さな魔法の棒でポンとやると、人の心に何かが起きるような映像がよくありますけれども、そういうふうに、頭のなかにひらめいてくるようなインスピレーションか、あるいは、ハートのときめきのようなもので、人はパッと何かを思う。急にハッとして、「今日はあの川の土手に行ってみようかな」「今日はあの公園に行ってみようかな」というかたちで思いつくわけですね。

それを、よいことが起きるためにやっているなら白魔術で、そこに行くと悪い人に会って誘拐《ゆうかい》されたりするならば、それは黒魔術がかかっているんですね。

魔法使いたちは、そういうひらめきや思いつき、出会いのようなものを左右して、いろいろなかたちで影響《えいきょう》しているんだということですね。

ですから、普通《ふつう》は「天国と地獄の戦い」ですが、その〝魔法使い版〟と考えてもいいと思います。歴史的に存在したものです。

大川愛理沙　はい。分かりました。

4 僕《ぼく》と彼女の魔法《まほう》の「お振《ふ》りかえ」

他人《ひと》の運命を引き受ける「お振りかえ」の術

大川愛理沙　映画のストーリーでは、「僕《ぼく》」である竹中優一《たけなかゆういち》が老師グルと出会って、白波風花《しらなみふうか》のために魔術《まじゅつ》の「お振《ふ》りかえ」をするのですが、そのあと、なぜ、彼は一般《いっぱん》社会に戻《もど》って、記憶《きおく》も失《な》くすことになったのでしょうか。そのあたりの理由をお教えいただければと思います。

竹中優一《たけなかゆういち》（梅崎快人《うめさきかいと》）
転校生・風花《ふうか》と運命的な出会いをする高校生。錬金術《れんきんじゅつ》や化学に興味がある理系男子。真《ま》面目《じめ》で何でも理詰めで考えるクセを持っているが、風花と接することで、不思議な魔法の世界にかかわっていくことになる。

ゲーテ　ええっと、その（映画に描《えが》かれていない）空《あ》いているところの説明ですか。

大川愛理沙　そうですね。「どうして一般社会に戻る道を選んだのか」というところです。

ゲーテ　まあ、魔法っていうのはね、一日二十四時間ありましたらね、それを使うというのは、ほんの短い時間なんですよ。だから、普通《ふつう》の生活自体はあるんです。

ただ、もう一つですね、〝魔法にかかった状態〟で生きている人もいることはいるので、そういう人の場合には、見ている景色が全然違《ちが》うわけですね。

魔法にかかった状態でいると、今やっている仕事はとっても面《おも》白《しろ》くてワクワクするように見えてですね、素晴《すば》らしいように見えることもあるけれども、魔法が解けてしまうと醜悪《しゅうあく》なものが見えたり、面白くない世界に見えたりするようなこともある。

人はものの見方によって、どういうふうにも世界が見えてくるし、人間関係も見えてくるんです。

日本で言いますと、昔から「憑神《つきがみ》」というものがあります。

「神」という言葉を使っていますけれども、まあ、〝スーパーナチュラルな存在〟が、いわゆる「憑依《ひょうい》」をしてくるわけですね。それで、その人のものの見方、考え方や世界観みたいなものを操作することが多いわけです。

まあ、それを自力修行《しゅぎょう》をして落とすというかたちのものもあるんですが、他人《ひと》に振りかえることで運命が変わる場合もあります。

これは、宗教で言うと、「お振りかえ型の宗教」とよく言われるものです。病気治しの宗教でしたら、信者の人たちの病気を教祖がお振りかえで引き受けるということがあります。

例えば、心臓病の人の病気をお振りかえすると、教祖が心臓病のように苦しみ始めたり、ガンの人のお振りかえをすると、ガンになったように苦しんだりします。同じような病状《びょうじょう》が現れ、本当に肉体的にも、医学的に見ても似たような症状《しょうじょう》が現れることもあります。いったんそういうふうに〝吸収〟して、お振りかえをすることによって、その人の病気を治すことがありますね。

ですから、魔法の場合も、魔法にかかってしまって、その魔法の世界から逃《のが》れられないでいる人の場合、それを他の人が引き取ることで、その人の魔法が解けて、（引き取った）別の人が同じ状態に陥《おちい》るということは、現実にあることです。

だから、まあ、何でしょうか、『アラビアンナイト』で言えば、

「ジン」という、何でも言うことをきいてくれる魔神《まじん》がいますけれども、ああいうものを使用する人、お仕えする相手を取り換《か》えたら、別の人のために働くようになるということがあります。

まあ、そういうことで、比較《ひかく》的簡単にやりやすいやり方ではあるんですね。

映画に登場する「グル」の役割

ゲーテ　宗教でも、教祖とかが……。まあ、あなたがたも経験があると思いますけれども、例えば、他の人に悪霊《あくれい》が憑《つ》いているのを取るときに、単に〝バズーカ砲《ほう》〟みたいなものを撃《う》って飛ばすといったかたちもありますけれども、いちばん簡単なのは、憑いているものを自分のなかに取り込《こ》んで、相手から外してしまうかたちですね。「修行した人間が自分のなかに取り込んでしまって、それを浄化《じょうか》する努力をしてやれば、憑いていたものを成仏《じょうぶつ》させることができる」ということは言われます。

ですから、憑依の原理で、そういうものが「波長《はちょう》同通の法則」で取り憑くことはできるんだけれども、長い時間をかけずにその方向を変えるには、「お振りかえ現象」のようなものを起こすと、早いことは早いということですね。もう一段の霊力《れいりょく》を持っている

●**波長同通の法則**　各人の心境に応じて、心（魂《たましい》）からは一定の電波のようなものが発されており、同じような波長を持つ者同士が相通じるという法則。

者だったら、それを〝吸収〟してしまうことができるということになります。

でも、そういう修行をするには、たいていグルというか、先生のような先達《せんだち》がいることが多くて、偉大《いだい》な人であっても、たいていの場合、誰《だれ》か霊的な経験や能力を持っているような方のところで修行するかたちになることがあります。

この映画は、日本をテーマにしての物語であろうと思いますけれども、実は、おそらくは転生《てんしょう》の過程においても先生であった方が、霊的な訓練をつけてくれるということですね。

そのグルといわれる先生は、おそらく映画のなかでは、「この世の存在なのか、あの世の存在なのか」もよく分からない存在として出てくるであろうと思います。「この世の存在としても現れるし、あの世の存在としても現れる。自由自在に出てくる。視《み》える人には視えるが、視えない人には視えない」というようなかたちで出てくると思いますね。

例えば、今、私《わたくし》が天上界《てんじょうかい》から来て、まあ、ゲーテという名を持った霊があなた（大川愛理沙）の相手をしている。こういうかたちで、肉体を持った人間を使ってお話しすることもできるし、あなたの心の開《ひら》き具合によっては、あなたにインスピレーションを降ろすこともできる。目に見えない場合も、あるいは見える場合もあるけれども、そうした意味での霊的な指導者というのは必ずいるわけです。

そういう人に教えてもらわないと、霊的な自覚というのは高まらないのでね。いろんな経験をして、人との出会いや霊的な経験をして、「困った。どうしたらいいんだろう」というようなときに、「これは、こういうふうに乗り越《こ》えよ。こういうふうに考えなさい」というようなことを、いろいろとアドバイスしてくれるメンターですね。そういう者は必要で、まあ、それを教えていくわけです。

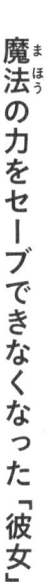

魔法《まほう》の力をセーブできなくなった「彼女」

ゲーテ　（映画で）「彼が彼女と運命を取り換えた」というのはどういうことかというと、彼のほうがですね、竹中優一かな？　彼は彼女（白波風花）をあまりに愛してしまった。だけど、彼女が起こす行為《こうい》が次々と世の中を驚《おどろ》かせるわけです。

彼女はその力をセーブできなくなってきて、普通の人間のように見せることができず、次々といろんな奇跡《きせき》や魔術《まじゅつ》を起こしてしまう。もちろん小さなことではあるけれども、周《まわ》りの人から見たら、「そんなことは、あっちゃいけないでしょ!?」というようなことがいっぱい起きてくるわけです。

それは、本当は子供心で言えば楽しい、面白いファンタジーにすぎないんだけれども、実際に大人になってくる段階、高校生から大学生や社会人に上がってくる段階でそうしたことがいっぱい起きてくると、やっぱり、周りとの不調和が起きてきますよね。

そういうふうな霊能力を持っていて、電車に乗っているときなどに、周りには見えない霊界《れいかい》の存在と一人で話をしていたら、周りの人はギョッとして、びっくりするでしょうね。

あるいは、魔法みたいなものが使えて、音楽を聴《き》いているときに、「この音楽を次、何番に飛ばす」とかいうことをパッとできるような方も、いらっしゃることはいらっしゃいます。

また、喫茶店《きっさてん》でコーヒーを注文したら、ホットのコーヒーが出てきたけれども、自分はアイスコーヒーが飲みたかったと。正当な方法としては、「アイスに変えてくれませんか」と言って、注文をアイスコーヒーに変えてもらえばいいわけだけれども、魔法使いでしたら、もう面倒《めんどう》くさいので、時間を短縮してしまうわけですね。

実際は、「相手がアイスコーヒーにつくり変えて、氷をグラスに入れて、そしてストローを入れて持ってくる」という行為が要《い》りますが、時間がかかりますね。まあ、何分かしたらできると思いますけど、その〝時間の部分〟を巻き戻してスッと「現在」に戻してくると、そのホットコーヒーはアイスコーヒーに変わるということが起きるわけです。

「彼女」を愛するがゆえに運命を取り換《か》えた「僕《ぼく》」

ゲーテ　白魔術の彼女（白波風花）はとってもいい人で、「人を幸福にしよう」と思っているんだけれども、多少、まだ霊能力のコントロールが十分ではなくて、ちょっと人を驚かす方向にいろんなものができてきて、周りから浮《う》き上がってくることになる。

彼（竹中優一）は、自分としては彼女を理解できたし、「何とかこの世に着地させたい」と思うんだけれども、あまりにも次々と変わったことが起きすぎるので、「とりあえず、自分がその運命を引き取ろう」と決意するわけですね。

それを導師《どうし》の側《がわ》から見ると、「愛の実践《じっせん》行為」として、それを許可するというかたちですかね。

まあ、これは、ある意味では、逆の立場、相手の立場になって、「自分にも同じような能力を授《さず》かったら、世界はどのように見えるか。自分はどのように見えるか」ということを実体験することによって、お互《たが》いに共感する、理解できる土俵《どひょう》をつくろうとしているわけです。

だから、ある意味で、魔法使いに弟子《でし》入りをしてしまったわけだけれども、彼女のほうはその能力が一時期なくなったように見えるから、普通に見える。

しかし、自分（竹中優一）のほうは何とかその能力を取り込んで、例えば、暴走する箒《ほうき》をコントロールするようなつもりで、魔法を何とか自分の力でセーブして、抑《おさ》え込めるようにしようとする。

そういう能力を身につければ、彼女との関係もですね、彼女にその能力がまた復活しても、どのように制御《せいぎょ》すればいいかを教えられるようになる。

そういう意味で、彼のほうが、「何らかの意味で彼女を護《まも》りたい」とか、「リーダーシップを発揮したい」というか、そういう気持ちを持つんですね。その気持ちが、「自分の身に同じ能力が起きても、自分は周りから浮き上がったり、嫌《きら》われたりしないで、やっていけるかどうか」ということに表れているわけです。

第７章　特別な儀式
1 お振りかえの秘儀

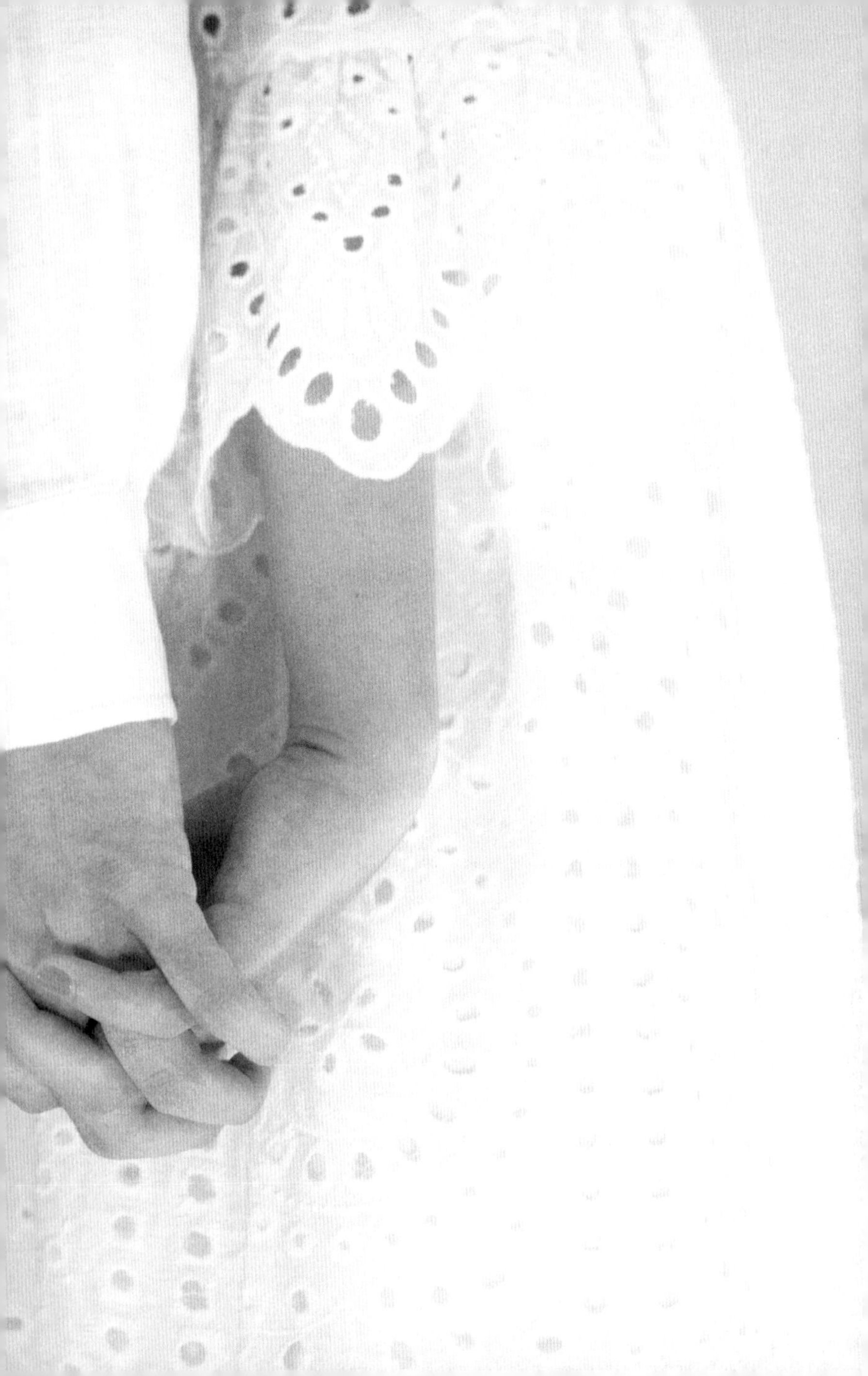

5　この映画の「隠《かく》されたテーマ」とは？

物語が表す「マスター（宗教的指導者）になる道」

ゲーテ　この（竹中優一が魔法《まほう》の力を制御《せいぎょ》しようとするという）テーマのもとになっているのは、「大川隆法総裁が霊能力《れいのうりょく》を持ったまま、会社で五年半働いた」という実体験ですかね。

霊能力を持っているにもかかわらず、普通《ふつう》の人と同じように働いて、仕事もちゃんとできるというのをやってみせた。実際に、そうした暴走するようなものを、〝ハンドルとアクセル、ブレーキ〟を使って、コントロールできる術《じゅつ》を自分でも経験していった。

そのなかで、悪霊憑《あくれいつ》きの人と会ったり、天使が微笑《ほほえ》んでいるような人と会ったり、あるいは、人間的ないろんな悩《なや》みや苦しみを味わいながら、この世で周《まわ》りからもエリートとして一定の評価を受けられるような経験をしてきた。しかし、半面では、霊的な能力を別の意味で磨《みが》いていって、霊言集《れいげんしゅう》等をつくっていった。

まあ、この歴史の部分を、その物語は表しているわけですね。

そして、白《しろ》魔術の彼女が先触《さきぶ》れの天使風に現れて、そのきっかけを与《あた》えてくれたということですね。

そういうかたちで二人は出会って、能力の交換《こうかん》をしたけれども、結局は両方とも魔法使いとしての能力を持つ。能力は持つんだけれども、また、それを制御する力も持つ。

仏教的にいくと、「漏尽通《ろじんつう》」とよくいわれているものですけれども、この世の迷い、惑《まど》わかしを受けても翻弄《ほんろう》されることなく、霊能力を理性的に使えたり、あるいは、ほかの人には見えないように温存するようなかたちで両立させる。

こうした「この世の生活と、霊的な生活とを両立させる能力」というのは、実は六大神通力《じんつうりき》のなかでは、いちばん難しいものだと言われているわけです。

六大神通力《じんつうりき》

仏陀《ぶっだ》（悟りを開いた者）に特有の６つの能力

1 天眼《てんげん》

霊視《れいし》能力。人間のオーラや憑依霊《ひょういれい》、あの世の世界を透視する力。

2 天耳《てんに》

あの世の霊たちの声を聞くことができる能力。また、霊言《れいげん》能力。

3 他心《たしん》

読心《とくしん》、マインド・リーディング。人の気持ちが手に取るように分かる能力。

4 宿命《しゅくみょう》

自分の将来はもちろん、他人の運命や過去世《かこぜ》のことまで分かる能力。

5 神足《じんそく》

幽体離脱《ゆうたいりだつ》能力。肉体を地上に置いたまま、霊界などを見聞《けんぶん》できる。

6 漏尽《ろじん》

欲望に振り回されず、それを自由に超越する能力。

だから、霊がかかってきた人の生活を見ると、すごく荒《あ》れていたり、おかしかったりする。

突然《とつぜん》、悪魔がかかってきたりしたら、この世の生活ができなくなって、急に笑い出したり、変なことをしゃべり出したり、もう座《すわ》っていられなくなって、倒《たお》れたようになったりして、どうしたらよいか、手がつけられなくなる状態がありますよね。

こういうものを、もっと自分自身の魂《たましい》の力を高めることによって、自由自在に操《あやつ》れるようになるというのが、要するに、「マスター（宗教的指導者）になる道」でもあるわけです。

描《えが》きたかったのは「本当の愛」

ゲーテ だから、マスターになるには、例えば、魔法使いの世界に来て、魔法使いとだけいて、霊力合戦《れいりょくがっせん》の練習をしているだけでは、実は駄目《だめ》なのです。それは、孫悟空《そんごくう》の世界みたいなものであるので。

実際は、「人間界に住みながら、そういう能力を持って生きていく」ということが非常に大事なことです。山のなかで人知れず修行《しゅぎょう》をやっている段階というのは、これは小さな聖《ひじり》で「小聖《しょうせい》」にしかすぎず、大都会の東京のようなところ、あるいは、ニューヨークのようなところにこそ、本当の魔法使いは住んでいるものなんですね。

そのなかで、一代で事業を起こしたり、あるいは、歌姫《うたひめ》や芸能人として急成長していったり、新しいものを発明したり、いろんなかたちで、姿形《すがたかたち》を変えて、人類を進化させるような仕事をしている人たちはいっぱいいます。そこに、「魔法の力」が働いています。

例えば、ウォルト・ディズニーのような人もそうです。やっぱり、「魔法の力」は働いているわけです。この世的には、あくま

●**ウォルト・ディズニー**（1901〜1966）　アメリカのアニメーション作家。1923年、兄のロイと共にアニメ映画会社を立ち上げ、ミッキーマウス等のキャラクターや「白雪姫」「シンデレラ」等のアニメ作品を次々と世に送り出す。1955年、世界初のテーマパークである「ディズニーランド」を開設した。

でも、「この世の人がいろいろな辛酸《しんさん》をなめ、苦労をしたあとに、ひらめきによってアイデアを出し、発明をする。それが当たって、人が集まって協力したことで、会社ができて、ディズニーの世界ができてきた」というように見えるけれども、大きな目で見れば、大魔法使いが「心の力」を使って、そうなるように導いていたことが分かります。

ですから、この世のなかに入って、この世を変えていく力を発揮するもののなかにも、ディズニーのように、「大きな夢を広げて成功していって、人を幸福にしようとするもの」もあれば、「悪徳不動産業者みたいなものが、地上げをやりながら金儲《かねもう》けをしているうちに、暴力団のようなものも傘下《さんか》に収めて、地域のボスになって幅《はば》を利《き》かす」みたいなこともあるわけですね。まあ、そんなようなことは、現実にあります。

だから、「なぜ彼女から彼に能力が移ったのか。なんでそういうことを許したのか」ということですが、一つは「お振《ふ》りかえ現象」です。そして、「本当の愛」というのは、相手と同じ経験をしたり、同じような苦しみ、悲しみ、あるいは、喜びを共有することによって、理解し合えたときに成就《じょうじゅ》するわけですね。

一方的に相手を抑《おさ》えようとしたり、制御しようとしたりしても、本当の意味では愛せないわけで、立場を変えることによって深い愛を味わおうとした。

その間《かん》、彼女のほうは、普通の人と同じように生きる練習ができていて、彼のほうは、魔法使いでありながら普通の生き方ができるかどうかを経験するということですね。

こういうふうに、〝人生の一部〟を交換しながら、大導師の導きを受けて両者が同じ土俵《どひょう》に立ち、理解できるようになって、愛が発展していくと。まあ、そういうところが描《えが》きたかったということじゃないかと思います。

大川愛理沙　ありがとうございます。

化学

6 「魔法《まほう》映画」が世界で流行《はや》るわけ

人間の深層心理には「魔法」の記憶《きおく》がある

大川愛理沙　お伺《うかが》いしたかったことは以上なのですが、ほかに何か足りない論点がありましたら、お願いします。

ゲーテ　うーん、そうですね……。

まあ、魔法使《まほうつか》いというのは、物語とか、特にアニメとかにはよく出てきます。CGを使った映像がつくりやすいので、今の映像技術と合っているからよく使えるし、わりに世界的に通じやすいんですね。

宗教の場合は、教義でもって、「それを信じるかどうか」というかたちで宗派《しゅうは》が分かれて、お互《たが》いにいがみ合っているものもあるんだけれども、魔法使いの場合は、基本教義とか戒律《かいりつ》みたいなものでの違《ちが》いがあまりはっきりしていないので、〝スーパーナチュラルなところ〟だけが出てくる。

その〝スーパーナチュラルなところ〟だけを通すと、いろんな宗教とか、あるいは、霊的《れいてき》な現象等が起きているものとかをすべて貫《つらぬ》くものが出てくるので、魔法を使った映画というのは、意外に、世界的に受け入れられたり、評価されたりするようなことがあるわけです。

例えば、「ハリー・ポッター」のようなものであれば、実際は、キリスト教に征服《せいふく》される前の、おそらく、ゲルマンの宗教や、その前のイギリスのドルイド教●などの宗教、ハロウィンなんかのもとになっている古いほうの宗教に基《もと》づいているもので、教会としては実際は反対のはずです。そうしたキリスト教以前の宗教だと思うんだけれども、完全に否定し切れないでいるのは、世界で（映画が）かかっていて、みんながそれを面白《おもしろ》いと思って観《み》るか

●ドルイド教　古代ローマ時代に、現在のイギリスやフランスに当たる地域に定着した古代ケルト人の宗教。ドルイドと呼ばれる神官を中心に、占いや天文知識、聖樹崇拝《せいじゅすうはい》を重視。霊魂《れいこん》の不滅を信じ、輪廻《りんね》の教義を説いたが、キリスト教の伝来に伴い衰退した。

らでしょう。

なぜそのように観るのかというと、(過去世《かこぜ》で)いろんな宗教の体験をした人たちが、少しずつそういう経験についての(魂《たましい》の)記憶《きおく》があるというか、知っているわけです、深層心理でね。

だから、魔法はマイナーなもののように見えながら、実は意外にメジャーなものでもあって、いろんな世界、いろんな国の人たちに理解される面があるということですね。「魔法」というところで共通するものがあると言えるわけです。

今回、「魔法使い」を中軸《ちゅうじく》にした映画をつくろうとしていますが、これは一般《いっぱん》的に、無神論・唯物論《ゆいぶつろん》の世界に生きているこの世的な人であっても、魔法ということであれば、「ファンタジーみたいなものかな」と思って、子供たちが喜ぶ物語として受け入れる素地があるわけです。

だから、「入信したくありません」という感じの正面からの拒《きょ》否《ひ》感ではなくて、「魔法か。魔法なら、まあ、いいか」ということで、観ている間《あいだ》に、宗教的な価値観や霊的な価値観の何割か、ある程度は理解が進むような面があって、映画としてつくる意味があるんじゃないかと思いますね。そういう意味での入り口を広げるのに意味がある。

そうしたファンタジーを繰《く》り広げることができるということが

一つあります。

映画に登場するのは「時間」を自由に操《あやつ》る魔法使《まほうつか》い

ゲーテ もう一つは、映像の世界のなかで、この世的な実写では、さすがに撮影《さつえい》がそう簡単ではないことが多いんですけれども、魔法《まほう》ということになりますと、現実にはやや起こりにくいことであっても、映像としては描《えが》くことが可能になるということです。

ですから、スーパーマン、アイアンマン、スパイダーマン等が空を飛んだり、いろいろしていることを、魔法使いは魔法使いのやり方でやれるようになるということですね。

あるいは、「透明《とうめい》人間のように自分の身体《からだ》を透明にすることができるようになったら、あなたはそれをいいことのために使いますか。悪いことのために使いますか」ということであれば、人それぞれであろうかと思います。霊体《れいたい》になれば普通《ふつう》は周《まわ》りに見えませんから同じことで、「『霊体となって、いろんなことができる』という場合に、あなたはどうされますか」ということです。

だから、（今回の映画の）物語を描くときも、「学生のレベル」のところと「職業を持っているレベル」のところと、両方描くだろうと思うんですけれども、そのなかにおいて、魔法が忍《しの》び込《こ》んでくるわけですね。

その魔法をどう使うか。また、どう使ってはいけないのか。「人間的成長、人間的な善悪の観念や道徳の観念の成長とともに、そうした能力も使い分けができるようになる」と知ることは大事ですよね。

例えば、彼につくってあげたお昼のお弁当にブロッコリーが入っていた。彼が「ブロッコリーは嫌《きら》いだ」と言うから、それを卵焼きに変えた。そういうことは、他愛《たあい》のない、ある意味で〝害のない魔法〟ではありますよね。

これは、時間を自由に操《あやつ》ればできることです。「そう？ 嫌いだったんだ。それは知らなかった」ということで、もう一回、家に帰ってつくり直して、卵焼きを入れて持ってくる。これにかかる時間がありますけれども、その部分を、映像を〝早送り〟するようなかたちでやってしまえば、一瞬《いっしゅん》のうちに変わったように見えるわけですね。そういうことができるわけです。

ですから、今回出てくる魔法使いは、時間を〝早送り〟したり、〝巻き戻《もど》し〟したりが、かなり自由にできる魔法使いだということですね。そうすると、目の前にあるものが一瞬で変わったように見える。

実際はそういう作業が入っているわけだけれども、先ほどのホットコーヒーをアイスコーヒーに変えるようなかたちで、そのようなことができるということですね。

そういうふうに考えると、あらゆるものの運命に変更《へんこう》をかけることができたり、事実に変更をかけることができたりする理由が、よく分かるのではないかと思いますけれどもね。

7 「魔法使《まほうつか》い」は今も世界中にいる

宗教や国、民族を超《こ》えて共感できるもの

ゲーテ　それ以外に何か訊《き》きたいことはありますか。魔《ま》法《ほう》の使い方については、私が今、説明したことで、少し分かってきたでしょうか。

大川愛理沙　はい。分かってきました。

ゲーテ だから、宗教的なかたちでの説教という感じではなくて、「楽しんで観《み》ながら〝スーパーナチュラルなもの〟が理解できる」というか、ある意味で、宗教を超《こ》え、国を超え、民族を超えて、みんなが、ある程度、共感できるようなものの原型をつくろうとしているわけですね。

あと、アメリカ映画等では、「奥《おく》さまは魔女」というものもありました。あれは家庭的なもので、ああいうものもあってもいいんだけれども、それよりも、もう少し普遍《ふへん》的な要素というか、長く続く、遺《のこ》るようなものをなかに入れたいなと。

●「奥さまは魔女」 アメリカ映画では、原題“I Married a Witch”(1942年)、“Bewitched”(2005年)がある。日本では、魔女のサマンサが主人公のテレビドラマ・シリーズ“Bewitched”(1964～1972年、ABC)が有名。

そのために、若者の代表みたいな男女を出してきてね、メンタ
ーも出してきて。途中《とちゅう》、困難に遭《あ》ったほうがいいから、「黒魔術《くろまじゅつ》」
というか、永遠の、天国と地獄《じごく》の戦いのなかで、必ず邪魔《じゃま》するも
のが出てくるので、それとの戦いにおいて自分を成長させていく
というかね、そういう勉強もしたほうがよい。

修行《しゅぎょう》によって「霊能力《れいのうりょく》をコントロールする力」を身につける

ゲーテ　あなたがたが霊能力《れいのうりょく》を持っても、もちろん、天使とだけ
話していれば気持ちも楽ですけれども、実際は悪魔というものも

来る。悪魔や悪霊《あくれい》も来るよね。嫌《いや》ですよね。こういうものと縁《えん》がなければいいのに、こういうものがかかってきたら勉強もできない。仕事もできない。自分の生活もまともに送れない。夜も眠《ねむ》れない。そういうことが起きるじゃないですか。

現実に見ている世界はそうでしょう。現実にあなた（大川愛理沙）が見ている〝スーパーナチュラルな世界〟では、そういうものがかかって取れなくて、苦しんでいる人がいっぱいいるでしょう。

ところが、大川総裁のように、けっこう自由自在に操《あやつ》っている人もいるわけですね。

例えば、教団を取り巻く環境《かんきょう》が悪くて、霊的環境が悪くても、「やっぱり、映画のシナリオの原案をつくっておいたほうがいいね」ということであれば、「文豪《ぶんごう》のゲーテを呼んできて、相手をさせようか」と、すぐに呼んでこられる。

こういうふうに、即座《そくざ》に心を調和させて、心を同通させて、誰《だれ》でも呼んでこられるということであれば、これは、いわゆる「グル」というか、「マスター」ですよね。「グランドマスター」になっているから、そういうことができるわけです。

こういうふうに、自由自在に心を操れて、霊能力を駆使《くし》できるようになればマスターなんですけれども、これを悪い方向にしか使えなくなれば、悪魔の手下としての黒魔術的な魔法使いにしかなれません。

それから、〝魔法使いの弟子《でし》たち〟もたくさんいて、（幸福の科学には）ほかにも霊能力を持っている人たちもいますが、まだ本格的に活躍《かつやく》できるところまでは行っていないですよね。

例えば、今、清水富美加《しみずふみか》（千眼美子《せんげんよしこ》）さんも来て、霊言《れいげん》もできるようにはなりましたけれども、まだ十分には霊能力を駆使できないというか、自分でコントロールができないので、突如《とつじょ》、悪いものがかかってくることもあります（収録当時）。いきなり来ますから。夜中に来たり、真っ昼間に来たりすることもあるようですが、それをどうしたらいいかが分からなくて、周《まわ》りの人も苦労することがあるわけです。

それが、だんだん慣れてきて、「善なる心」のほうを強くして「コントロールする力」を身につけてくると、悪いものを追い出したり、封印《ふういん》したり、よいものを即座に呼んでくる力もついてくるわけですね。自分の守護霊《しゅごれい》や指導霊などを呼び寄せて、悪いものをポンッと追い出してしまうこともできるし、他人《ひと》に憑《つ》いているものも出すことができる。

これが修行《しゅぎょう》のところですね。何をやっても、たぶんそうでしょう。

芸能や芸術、政治・経済の世界にいる「魔法使《まほうつか》い」たち

ゲーテ　例えば、女優をやっている人ですと、魔法《まほう》にかなり近い世界にいるのは間違《まちが》いないんですよ。多くの人たちを惹《ひ》きつけたり、動かしたりするというのは、仕事的には、ある種の魔法使いなんですよね。

歌手もそうですし、小説家なんかも、流行《はや》る場合はそういうところがあります。あるいは、役者、モデルもそうですね。芸術家もそうですが、そういうふうに、姿を変えた魔法使いは、現代に

もいろんな職業にいるわけです。

そして、魔法が使えるようになってくると、何か知らないけれども、普通の人以上に、加速度《かそくど》がついたようにいろいろな現象が起き始めるんですね。

普通はそうではなくて、ブロックを一個一個積むようなかたちでしか壁《かべ》がつくれないんだけれども、魔法を使うと、あっという間に、地面に散らばっているレンガみたいなものがババババーッと積み上がって、塀《へい》ができてしまうように見えるわけです。

現実には、わずか一年、二年のうちにサーッと人気が出て日本国中に知られるとか、大勢のフォロワーができたりするというのは、魔法みたいに見えるということです。

だから、〝時間が伸《の》びたり縮んだり〟しているわけです。本当はずーっと全国に行って、いろんな人に顔をお見せして評判を取らなければそうならないところを、何かの番組とか映画を通じてあっという間に知れ渡《わた》って、人気を得るということが起きる。それは、魔法使いと言えば魔法使いの面を持っているということですね。

それを（白《しろ》魔術側が）善なる方向に使おうとすると、これを邪魔しようとする黒魔術というか、悪い魔法使いが必ず出てきて、そちらのほうに引っ張っていって、悩乱《のうらん》させる。そして、自分をコントロールできなくなったら、「あなたは魔法が使えなくなるよ。人々への影響力《えいきょうりょく》がなくなりますよ」というふうに悪への誘惑《ゆうわく》をし始めて、その人は迷い始める。

そういう「善悪の戦い」は常に起きていて、悪の魔法使いが勝つ場合もあるわけです。

だいたい、世の中が不況《ふきょう》になっていたり、大きな戦争になったり、非常に悪い世相が続くようなときは、悪の魔法使い系統の人の誰かが「引き金」を引いていることがよくあります。

あるいは、その人の発言や考え方……。そういう人が首相や大統領になったことで、そのようなことが起きたり、大きな会社などで力を持って、経済的な面で世の中を動かしたりしているうちに、そういうことが起きることがあるわけですね。

科学のなかにもある「姿を変えた魔法《まほう》」

ゲーテ また、ノーベル●がダイナマイトを発明したのは、確かに、工事を進める上では便利なところがありますけれども、それが進化して、爆弾《ばくだん》とか、砲弾《ほうだん》とか、いろんなものになってくると、必ずしも善だけではない。大量殺戮《さつりく》兵器にもなっていくわけです。

あるいは、放射線が出るようなもの、ウランだとかを研究する

●ノーベル（1833～1896）　ダイナマイトを発明したスウェーデンの化学者、実業家。ダイナマイトの開発によって巨万の富を築く。死後、本人の遺言《ゆいごん》状に基《もと》づき、「ノーベル賞」が設立された。

には、物理学的な勉強が非常に大事ではあるけれども、これも悪いほうに使われれば原爆になって、大勢の人を殺せるようになる。これも一種の魔法《まほう》は魔法なんですね。自然科学のなかで起きて、物理学とか化学のほうに学問的に進化したものも、魔法は魔法なんだけれども、「使い方によっては、悪いものにもよいものにもなっていくことがある」ということですね。

そういうふうに、現代で姿を変えた魔法はたくさんあります。「人々が心をよい方向に持って、それらの魔法を使っていけるような世の中に変えていく」ということが、この魔法使いの物語のなかにも一本入っていなければいけないんじゃないかと、私は思いますけれどもね。どうでしょうか。

大川愛理沙 はい、分かりました。ありがとうございました。

「最後に、真実の者同士が結ばれる」というストーリーを

ゲーテ あとは、登場人物がもう少し要《い》るでしょうから、ほかにも登場人物をつくって、この世的な部分もつくりながら、今、私が言ったメッセージを織り込《こ》んでいくことが大事だと思います。

まあ、CGなども多少は使うと思いますが、おそらく、そうですね……。これも魔法によっての予想ですけれども、千眼美子さんがこれに出て魔法使いを演《や》られるということでしたら、「百万人動員」というのは、いちおう当たり前の路線と思われます。

あとは、「どれだけ、いろんな世界を描《えが》くか」というところも関係はあると思いますけれども、私は、かなりヒットするものはつくれるのではないかと思います。

これに、もう少し色を付けたければ、うーん、まあ、魔法界の生き物を何か少し登場させるということは、あってもいいかと思います。

それから、黒魔術を使う人が出てくるところを、ある意味で、

「恋《こい》の駆《か》け引きのライバル」のような感じで登場させることもありえるのではないかと思います。

例えば、彼女の白魔術を「お振《ふ》りかえ」して、彼のほうが引き取ってやっていたんだけれども、ライバルとして、イケメンだけどちょっと陰《かげ》のあるタイプの人が出てくる。実はそれが黒魔術のほうの術者であったということで、能力が今、眠っているように見えている彼女の前で、二人がちょっとラブゲーム的に競争をしたり、あるいは、仕事の面で出てきても構わないかもしれませんね。

そういう掛《か》け合いもありながら、やっぱり、「最後に、真実の者同士が結ばれていく」という感じのストーリーがつくれたらいいんじゃないかと思います。

大川愛理沙　分かりました。ありがとうございます。

大川隆法　それでは、以上といたします。

本日の霊言はゲーテでした。

PLH 32
JAPAN COAST GUARD
MARINE SHUTTLE
マリーンシャトル

あとがき

天才は天上界からインスピレーションを受けとって創作をつくるものだ。しかし、そのインスピレーションそのものが天才ゲーテから来たものだとしたら。

こんな神秘的な謎《なぞ》を秘めながら、私たちの映画製作は現在進行形で進められている。まるで魔法の世界を生きているかのようだ。

同時に、映画で使用される劇中歌《げきちゅうか》も天上界の魔法の力、神秘力《しんぴりょく》が存分《ぞんぶん》に発揮《はっき》されている。

主題歌の「Hold On《ホールドオン》」も八次元パワー、フル回転で、様々《さまざま》な奇跡が映画を観《み》た人々に起きることが期待されている。絶対観て損はない、いや、観のがしてはならない映画が、『僕の彼女は魔法使い』である。楽しみつつ、あなた方の心が浄化され、神秘を身近に感じることだろう。これから映画を観る人も、すでに観終わった人も、本書で、さらに深い精神世界を体験されることだろう。

二〇一九年　一月十日

幸福《こうふく》の科学《かがく》グループ創始者兼総裁《そうししゃけんそうさい》　大川隆法《おおかわりゅうほう》

『ゲーテの霊言』関連書籍

『青銅の法』（大川隆法 著　幸福の科学出版刊）
『魔法および魔法界について』（同右）
『ウォルト・ディズニー「感動を与える魔法」の秘密』（同右）
『大川咲也加の文学のすすめ～世界文学編～（中）』（大川咲也加 著　同右）

ゲーテの霊言《れいげん》
――映画「僕の彼女は魔法使い」に描かれる世界――

2019年1月25日　初版第1刷

著　者　大《おお》川《かわ》隆《りゅう》法《ほう》

発行所　幸福の科学出版株式会社
〒107-0052 東京都港区赤坂2丁目10番14号
TEL(03)5573-7700
https://www.irhpress.co.jp/

印刷・製本　株式会社 研文社

落丁・乱丁本はおとりかえいたします

ISBN978-4-8233-0027-1 C0074
カバー Gyvafoto/Shutterstock.com , Meranda19/Shutterstock.com
カバー , 目次 Triff/Shutterstock.com
本文 Yoko Design/shutterstock.com , enterphoto/shutterstock.com
装丁・イラスト・写真（上記・パブリックドメインを除く）© 幸福の科学

大川隆法 ベストセラーズ　様々な魔法の世界

魔法および魔法界について

時代を進化させる魔法の力

現代にも、魔法使いは姿を変えて存在している。科学、医学、政治、経営、そして芸能──。あらゆる分野に影響し、未来を創る魔法の秘密を解き明かす。

1,500円

ウォルト・ディズニー「感動を与える魔法」の秘密

世界の人々から愛される「夢と魔法の国」ディズニーランド。そのイマジネーションとクリエーションの秘密が、創業者自身によって語られる。

1,500円

ドラキュラ伝説の謎に迫る

ドラキュラ・リーディング

小説『ドラキュラ』の作者ブラム・ストーカーとドラキュラ伯爵のモデルとされるヴラド3世が、「吸血鬼伝説」の真相を語る。「白魔術」と「黒魔術」の違いについても明らかに。

1,400円

※表示価格は本体価格(税別)です。

大川隆法 霊言シリーズ　芸能と魔法

守護霊インタビュー
ナタリー・ポートマン
&キーラ・ナイトレイ
―世界を魅了する「美」の秘密―

英語霊言
日本語訳付き

世界を魅了する二人のハリウッド女優が、もっとも大切にしている信念、そして使命感とは？ 彼女たちの「美しさ」と「輝き」の秘密に迫る。

1,400円

小桜姫の新霊界案内

室町時代に実在した小桜姫が、霊界の様子や生まれ変わりのヒミツを分かりやすくガイド。芸能と関係の深い彼女は今、千眼美子《せんげんよしこ》として転生している!？

1,400円

ミステリアス女優・
小松菜奈の
「カメレオン性」を探る

神秘的でアンニュイな雰囲気、際立つ存在感……。ダークな役から清純派まで変幻自在に演じ分ける小松菜奈の演技力の秘密と、その魅力に迫る。

1,400円

大川隆法 霊言シリーズ　小説家・作家の持つ魅力

トルストイ
──人生に贈る言葉

ロシアが生んだ世界的文豪トルストイが、21世紀の日本人に贈る真の平和論、人生論。人類史をくつがえす衝撃の過去世も明らかに。

1,400円

ドストエフスキーの霊言
ロシアの大文豪に隠された魂の秘密

『罪と罰』で知られるロシアの文豪・ドストエフスキーが、その難解な作品に込めた真意を語る。個人や社会、国家をも変える文学の可能性とは。

1,400円

ハマトンの霊言
現代に知的生活は成り立つか

あなたの人生に、もっと知的な喜びを──。渡部昇一氏や若き日の著者にも深い影響を与えたP・G・ハマトンが贈る、現代的知的生活の秘訣。

1,400円

※表示価格は本体価格(税別)です。

ジェームズ・アレンの霊言
幸福と成功について

英語霊言
日本語訳付き

本当の豊かさとは？ そして人生を変える「思いの力」とは？ 世界に影響を与えた自己啓発の名著『原因と結果の法則』に秘められた真意が明かされる。

1,400円

天才作家
三島由紀夫の描く
死後の世界

あの壮絶な自決の真相、死後の行き先、国家存亡の危機に瀕する現代日本に何を思うのか。ついに明かされる三島由紀夫の本心。

1,400円

美とは何か
―小野小町の霊言―

人気女優・北川景子の過去世であり、世界三大美女に数えられる平安の歌人・小野小町が語る、世界に誇るべき「日本の美」「言霊の神秘」とは。

1,400円

大川隆法 シリーズ　最新刊

毛沢東の霊言

中国覇権主義、暗黒の原点を探る

言論統制、覇権拡大、人民虐殺——、中国共産主義の根幹に隠された恐るべき真実とは。中国建国の父・毛沢東の虚像を打ち砕く必読の一書。

1,400円

実戦・悪魔の論理との戦い方

エクソシズム訓練

信仰を護り抜くために、悪魔にどう立ち向かえばよいのか。嫉妬、不信感、嘘、欲望——、悪魔との直接対決から見えてきた、その手口と対処法とは。

1,400円

Love for the Future

未来への愛

英語説法
英日対訳

過去の呪縛からドイツを解き放ち、中国の野望と第三次世界大戦を阻止するために——。ドイツ・ベルリンで開催された講演を、英日対訳で書籍化！

1,500円

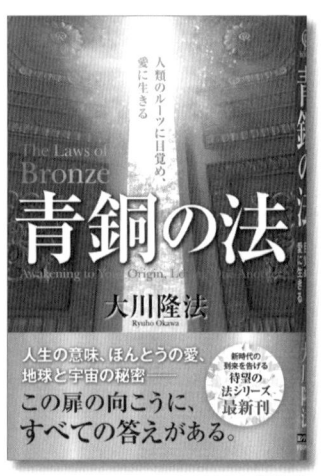

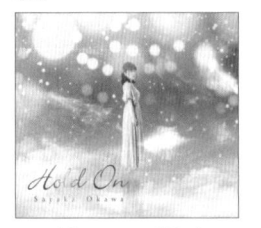

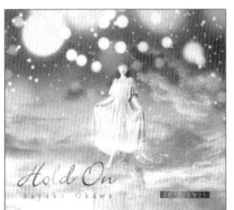

ある日、突然目の前に現れたキミは、
地上に舞い降りた〝最後の白魔女〟だった――。
愛の魔法が、世界を包む。
僕の彼女は魔法使い
製作総指揮・原案／大川隆法
千眼美子
梅崎快人　春宮みずき　佐伯日菜子　高杉 亘　不破万作
監督／清田英樹　脚本／チーム・アリプロ　音楽／水澤有一　製作／幸福の科学出版　製作協力／ARI Production　ニュースター・プロダクション
制作プロダクション／ジャンゴフィルム　配給／日活　配給協力／東京テアトル
https://bokukano-maho.jp
©2019 IRH Press
2019年2月22日(FRI) ロードショー

幸福の科学グループのご案内

宗教、教育、政治、出版などの活動を通じて、地球的ユートピアの実現を目指しています。

幸福の科学

一九八六年に立宗。信仰の対象は、地球系霊団の最高大霊、主エル・カンターレ。世界百カ国以上の国々に信者を持ち、全人類救済という尊い使命のもと、信者は、「愛」と「悟り」と「ユートピア建設」の教えの実践、伝道に励んでいます。

（二〇一九年一月現在）

愛

幸福の科学の「愛」とは、与える愛です。これは、仏教の慈悲《じひ》や布施《ふせ》の精神と同じことです。信者は、仏法真理をお伝えすることを通して、多くの方に幸福な人生を送っていただくための活動に励んでいます。

悟り

「悟り」とは、自らが仏の子であることを知るということです。教学《きょうがく》や精神統一によって心を磨き、智慧《ちえ》を得て悩みを解決すると共に、天使・菩薩《ぼさつ》の境地を目指し、より多くの人を救える力を身につけていきます。

ユートピア建設

私たち人間は、地上に理想世界を建設するという尊い使命を持って生まれてきています。社会の悪を押しとどめ、善を推し進めるために、信者はさまざまな活動に積極的に参加しています。

国内外の世界で貧困や災害、心の病で苦しんでいる人々に対しては、現地メンバーや支援団体と連携して、物心両面にわたり、あらゆる手段で手を差し伸べています。

年間約３万人の自殺者を減らすため、全国各地で街頭キャンペーンを展開しています。

公式サイト **www.withyou-hs.net**

ヘレン・ケラーを理想として活動する、ハンディキャップを持つ方とボランティアの会です。視聴覚障害者、肢体不自由な方々に仏法真理を学んでいただくための、さまざまなサポートをしています。

公式サイト **www.helen-hs.net**

入会のご案内

幸福の科学では、大川隆法総裁が説く仏法真理《ぶっぽうしんり》をもとに、「どうすれば幸福になれるのか、また、他の人を幸福にできるのか」を学び、実践しています。

入会

仏法真理を学んでみたい方へ

大川隆法総裁の教えを信じ、学ぼうとする方なら、どなたでも入会できます。入会された方には、『入会版「正心法語《しょうしんほうご》」』が授与されます。

ネット入会 入会ご希望の方はネットからも入会できます。
happy-science.jp/joinus

三帰《さんき》誓願《せいがん》

信仰をさらに深めたい方へ

仏弟子としてさらに信仰を深めたい方は、仏《ぶっ》・法《ぼう》・僧《そう》の三宝《さんぼう》への帰依を誓う「三帰誓願式」を受けることができます。三帰誓願者には、『仏説・正心法語』『祈願文《きがんもん》①』『祈願文②』『エル・カンターレへの祈り』が授与されます。

幸福の科学 サービスセンター
TEL 03-5793-1727
（受付時間／火～金：10～20時 土・日祝：10～18時（月曜を除く））

幸福の科学 公式サイト
happy-science.jp

ハッピー・サイエンス・ユニバーシティ
Happy Science University

ハッピー・サイエンス・ユニバーシティとは

ハッピー・サイエンス・ユニバーシティ（HSU）は、大川隆法総裁が設立された
「現代の松下村塾」であり、「日本発の本格私学」です。
建学の精神として「幸福の探究と新文明の創造」を掲げ、
チャレンジ精神にあふれ、新時代を切り拓く人材の輩出を目指します。

人間幸福学部　経営成功学部　未来産業学部

HSU長生キャンパス TEL **0475-32-7770**
〒299-4325　千葉県長生郡長生村一松丙 4427-1

未来創造学部

HSU未来創造・東京キャンパス
TEL **03-3699-7707**
〒136-0076　東京都江東区南砂2-6-5　公式サイト **happy-science.university**

学校法人 幸福の科学学園

学校法人 幸福の科学学園は、幸福の科学の教育理念のもとにつくられた教育機関です。人間にとって最も大切な宗教教育の導入を通じて精神性を高めながら、ユートピア建設に貢献する人材輩出を目指しています。

幸福の科学学園
中学校・高等学校（那須本校）
2010年4月開校・栃木県那須郡（男女共学・全寮制）
TEL **0287-75-7777** 公式サイト **happy-science.ac.jp**

関西中学校・高等学校（関西校）
2013年4月開校・滋賀県大津市（男女共学・寮及び通学）
TEL **077-573-7774** 公式サイト **kansai.happy-science.ac.jp**

仏法真理塾「サクセスNo.1」

全国に本校・拠点・支部校を展開する、幸福の科学による信仰教育の機関です。小学生・中学生・高校生を対象に、信仰教育・徳育にウエイトを置きつつ、将来、社会人として活躍するための学力養成にも力を注いでいます。

TEL 03-5750-0747（東京本校）

エンゼルプランV　TEL 03-5750-0757

幼少時からの心の教育を大切にして、信仰をベースにした幼児教育を行っています。

不登校児支援スクール「ネバー・マインド」　TEL 03-5750-1741

心の面からのアプローチを重視して、不登校の子供たちを支援しています。

ユー・アー・エンゼル！（あなたは天使！）運動

一般社団法人 ユー・アー・エンゼル　TEL 03-6426-7797

障害児の不安や悩みに取り組み、ご両親を励まし、勇気づける、
障害児支援のボランティア運動を展開しています。

NPO活動支援

いじめから子供を守ろうネットワーク

学校からのいじめ追放を目指し、さまざまな社会提言をしています。また、各地でのシンポジウムや学校への啓発ポスター掲示等に取り組む一般財団法人「いじめから子供を守ろうネットワーク」を支援しています。

公式サイト mamoro.org　ブログ blog.mamoro.org

相談窓口 TEL.03-5544-8989

百歳まで生きる会

「百歳まで生きる会」は、生涯現役人生を掲げ、友達づくり、生きがいづくりをめざしている幸福の科学のシニア信者の集まりです。

シニア・プラン21

生涯反省で人生を再生・新生し、希望に満ちた生涯現役人生を生きる仏法真理道場です。定期的に開催される研修には、年齢を問わず、多くの方が参加しています。全国163カ所、海外12カ所で開校中。

【東京校】TEL 03-6384-0778　FAX 03-6384-0779
メール senior-plan@kofuku-no-kagaku.or.jp

幸福実現党

幸福実現党 釈量子サイト **shaku-ryoko.net**
Twitter **釈量子@shakuryokoで検索**

内憂外患《ないゆうがいかん》の国難に立ち向かうべく、2009年5月に幸福実現党を立党しました。創立者である大川隆法党総裁の精神的指導のもと、宗教だけでは解決できない問題に取り組み、幸福を具体化するための力になっています。

党の機関紙
「幸福実現NEWS」

幸福実現党 党員募集中

あなたも幸福を実現する政治に参画しませんか。

○幸福実現党の理念と綱領、政策に賛同する18歳以上の方なら、どなたでも参加いただけます。

○党費:正党員(年額5千円[学生 年額2千円])、特別党員(年額10万円以上)、家族党員(年額2千円)

○党員資格は党費を入金された日から1年間です。

○正党員、特別党員の皆様には機関紙「幸福実現NEWS(党員版)」が送付されます。

＊申込書は、下記、幸福実現党公式サイトでダウンロードできます。
住所:〒107-0052 東京都港区赤坂2-10-8 6階 幸福実現党本部
TEL **03-6441-0754** FAX **03-6441-0764**
公式サイト **hr-party.jp** 若者向け政治サイト **truthyouth.jp**

出版 メディア 芸能文化 幸福の科学グループ

幸福の科学出版

大川隆法総裁の仏法真理の書を中心に、ビジネス、自己啓発、小説など、さまざまなジャンルの書籍・雑誌を出版しています。他にも、映画事業、文学・学術発展のための振興事業、テレビ・ラジオ番組の提供など、幸福の科学文化を広げる事業を行っています。

アー・ユー・ハッピー？
are-you-happy.com

ザ・リバティ
the-liberty.com

幸福の科学出版
TEL **03-5573-7700**
公式サイト **irhpress.co.jp**

THE FACT

ザ・ファクト
マスコミが報道しない
「事実」を世界に伝える
ネット・オピニオン番組

ザ・ファクト 検索

NEW STAR PRODUCTION

ニュースター・プロダクション

「新時代の美」を創造する芸能プロダクションです。多くの方々に良き感化を与えられるような魅力あふれるタレントを世に送り出すべく、日々、活動しています。公式サイト **newstarpro.co.jp**

ARI Production

ARI《アリ》 Production《プロダクション》

タレント一人ひとりの個性や魅力を引き出し、「新時代を創造するエンターテインメント」をコンセプトに、世の中に精神的価値のある作品を提供していく芸能プロダクションです。公式サイト **aripro.co.jp**

大川隆法　講演会のご案内

大川隆法総裁の講演会が全国各地で開催されています。講演のなかでは、毎回、「世界教師」としての立場から、幸福な人生を生きるための心の教えをはじめ、世界各地で起きている宗教対立、紛争、国際政治や経済といった時事問題に対する指針など、日本と世界がさらなる繁栄の未来を実現するための道筋が示されています。

2018年12月11日 幕張メッセ「奇跡を起こす力」

2018年7月4日 さいたまスーパーアリーナ「宇宙時代の幕開け」

2017年8月2日 東京ドーム「人類の選択」

2018年10月7日 ザ・リッツカールトン ベルリン（ドイツ）「Love for the Future」

2018年11月25日 千歳市民文化センター（北海道）「繁栄を招くための考え方」

講演会には、どなたでもご参加いただけます。最新の講演会の開催情報はこちらへ。⟹ 大川隆法総裁公式サイト https://ryuho-okawa.org